打通多重记忆思维，
告别死记硬背，轻松"吃透"古诗文

爱上古诗文其实很简单 ❹

比格豹童书 著/绘

电子工业出版社
Publishing House of Electronics Industry
北京·BEIJING

【目 录】

江畔独步寻花　唐·杜甫 \ 4

蜂　唐·罗隐 \ 8

独坐敬亭山　唐·李白 \ 12

芙蓉楼送辛渐　唐·王昌龄 \ 16

塞下曲　唐·卢纶 \ 20

墨梅　元·王冕 \ 24

囊萤夜读　选自《晋书·车胤传》\ 28

铁杵成针　宋·祝穆
《方舆胜览·眉州》\ 31

蝉　唐·虞世南 \ 34

乞巧　唐·林杰 \ 38

示儿　宋·陆游 \ 42

题临安邸　　宋·林升 \ 46

己亥杂诗　　清·龚自珍 \ 50

少年中国说（节选）
　　近现代·梁启超 \ 54

山居秋暝　　唐·王维 \ 58

枫桥夜泊　　唐·张继 \ 62

长相思　　清·纳兰性德 \ 66

渔歌子　　唐·张志和 \ 70

《论语》三则　　选自《论语》\ 74

读书三到　　宋·朱熹 \ 77

曾国藩谈读书　　清·曾国藩 \ 80

江畔独步寻花

唐·杜甫

黄师塔前江水东,
春光懒困倚微风。
桃花一簇开无主,
可爱深红爱浅红?

注
江畔：江边。这里指成都锦江之滨。
独步：独自散步。
黄师塔：埋葬黄姓僧人的墓塔。
一簇：一丛。
倚：倚靠，伴随。
无主：没有主人。

译
黄师塔前，江水向东流去，
春光融融让人困倦，只想倚着微风小憩。
路边一株无主的桃花开得正盛，
深红色的桃花和浅红色的桃花，哪一种更可爱呢？

诗歌助记

黄师塔前 江水东，

春光 懒困 倚微风。

江畔独步寻花
唐·杜甫

桃花 一簇 开无主，

可爱 深红 爱浅红？

江畔□□寻花

唐·□□

黄师塔前□□□,

春光懒困□□□。

□□一簇开无主,

可爱□□爱□□?

桃花诗

唐代安史之乱期间，颠沛流离的杜甫在成都西郊浣花溪畔暂时居住下来。这一年春暖花开的时节，诗人到附近的锦江边散步赏花，写下了《江畔独步寻花七绝句》组诗，共七首，本诗为第五首。

桃花在早春开放，通常被诗人们看作是春天到来的象征。在描写春天景色的诗中，桃花的出镜率相当高。

啥都不懂！诗人是想说，我在春风中微笑着盛开。

你笑话我？

看，这桃花多红。

还是姑娘的脸更红。

去年今日此门中，
人面桃花相映红。

人面不知何处去，
桃花依旧笑春风。唐·崔护《题都城南庄》

去年的今天，就在这扇门里，姑娘的脸庞和桃花相互映衬，分外绯红。

今天再来这里，漂亮的姑娘不知去了哪里，只有桃花依旧在春风中盛开。

人间四月芳菲尽，山寺桃花始盛开。唐·白居易《大林寺桃花》
平地的花都凋谢了，山中的桃花才刚刚盛开。

玄都观里桃千树，尽是刘郎去后栽。唐·刘禹锡《玄都观桃花》
玄都观里上千棵桃树，都是在我被贬离开京城后栽下的。

桃花浅深处，似匀深浅妆。唐·元稹《桃花》
桃花颜色有深有浅，就像姑娘正在调匀妆容的浓淡。

蜂

唐·罗隐

不论平地与山尖,
无限风光尽被占。
采得百花成蜜后,
为谁辛苦为谁甜?

注
山尖：山的高处。
无限风光：极其美好的风景。
占：占有，占据。
采：采集。这里指采集花蜜。

译
无论是在平地还是在山峰，
鲜花盛开、风景无限美好的地方都被蜜蜂占据。
小蜜蜂采尽百花酿成了花蜜，
到底是为谁付出辛苦，又是为谁能品尝到香甜呢？

诗歌助记

蜂
唐·罗隐

不论 平地 与 山尖，
无限风光 尽被占。
采得 百花 成蜜 后，
为谁 辛苦 为谁 甜？

蜂

唐·罗□

不论□□与□□，

无限□□尽被占。

采得□□成蜜后，

为谁□□为谁□？

屡考屡败的罗隐

本诗作者罗隐生活在唐代末年,逝世于唐朝灭亡三年后。罗隐从小便才华过人,只可惜运气不好,加上他平时又喜欢写诗文嘲讽权贵,参加了十多次科举考试都没考上。

据说,朝廷官员曾聚在一起商量,打算起用他,这时一个人说:"我有一次和罗隐同坐一条船,船夫告诉他,'船上有一位朝廷官员'。罗隐却大言不惭地说,'什么朝廷官员?我就是用脚趾夹着笔写诗作文,也比得过他们几十人。'这么狂妄自大的人如果进了朝廷,哪里会把我们放在眼里?"大家一听觉得有道理,于是再也不提这事了。

罗隐用诗歌抒发个人情感,表达独到见解,留下了很多经典诗句。

今朝有酒今朝醉,明日愁来明日愁。《自遣》
今天有酒就痛痛快快喝他个酩酊(mǐng dǐng)大醉,明天的忧愁留到明天再去愁。

家国兴亡自有时,吴人何苦怨西施。西施若解倾吴国,越国亡来又是谁?《西施》
国家兴亡自有其时运,吴人又何苦埋怨西施。如果西施真知道怎样颠覆吴国,那么后来让越国灭亡的又是谁呢?

尽道丰年瑞,丰年事若何?长安有贫者,为瑞不宜多。《雪》
都说瑞雪兆丰年,丰年又是什么样的情形呢?长安城里还有很多饥寒交迫的穷人,即使是瑞雪也不能下太多啊!

独坐敬亭山

唐·李白

众鸟高飞尽,
孤云独去闲。
相看两不厌,
只有敬亭山。

注

敬亭山：在今安徽宣城北。
尽：没有了。
闲：悠闲自在的样子。
相看：这里把山比作人，指诗人和敬亭山互相看着。
厌：满足。

诗文声律

众鸟 ⇌ 孤云
高飞 ⇌ 独去
尽 ⇌ 闲

译

鸟儿们飞向高空，消失不见，空中唯一的一朵云也悠然飘走。能和我彼此对视，谁也看不够、看不厌的，也只有这敬亭山了。

诗歌助记

众鸟 高飞 尽，
孤云 独去 闲。
相看 两不厌，
只有 敬亭山。

独坐敬亭山
唐·李白

独坐□□山 唐·□□

□□高飞尽，

　　　　□□独去闲。

相看□□□，

只有□□□。

古诗词中的拟人

本诗中，诗人和敬亭山"相看两不厌"，是把山比作人，使用的是拟人手法。"拟人"是文学作品中一种常见的修辞手法，就是把本来不具有人的个性、情感的事物，写得和人一样有感情、有语言、有动作。这种写法可以使文章更加生动形象，富于趣味。在古诗词中，诗人们也经常用到拟人手法。

花间一壶酒，独酌无相亲。
举杯邀明月，对影成三人。

唐·李白《月下独酌》

一个人喝酒好孤独。举起酒杯邀请明月，月亮、我、我的影子，咱仨一起喝多热闹。

> 我就是神秘的第三人。

蜡烛有心还惜别，替人垂泪到天明。

唐·杜牧《赠别》

蜡烛也有心啊，看它依依惜别，替离别的人们流泪到天明。

> 明天就要分别，真让人伤心啊！

唯有南风旧相识，偷开门户又翻书。

宋·刘攽（bān）《新晴》

只有南风像是结识多年的老友，悄悄推开房门，又翻起了桌上的书。

> 什么好书，我也看看。

芙蓉楼送辛渐

唐·王昌龄

寒雨连江夜入吴,
平明送客楚山孤。
洛阳亲友如相问,
一片冰心在玉壶。

注

芙蓉楼：故址在今江苏镇江北，紧临长江。

辛渐：诗人的一位朋友。

连江：雨水与江面连成一片，形容雨很大。

吴：江苏镇江在古代属于吴地。

平明：天刚亮的时候。

楚山：泛指长江中下游一带的山。古代吴、楚先后统治过这一带，所以上句中称为"吴"。

冰心：像冰一样晶莹纯洁的心。

译

在连绵寒雨洒满江面的夜晚来到吴地，清晨送别朋友，江边的楚山看上去都如此孤寂。

到了洛阳，如果亲友问起我，请转告他们，我的心依然像玉壶里的冰那样晶莹纯洁。

诗歌助记

寒雨 连江 夜入吴，

平明 送客 楚山孤。

芙蓉楼送辛渐
唐·王昌龄

洛阳 亲友 如相问，

一片 冰心 在玉壶。

□□楼送辛渐

唐·王□□

寒雨连江□□□，

平明送客□□□。

□□亲友如相问，

一片□□在□□。

夜雨诗

　　王昌龄一生仕途坎坷，几次被贬官，大部分时间都在地方上当县级官员，四十多岁时在江宁当了八年县丞，所以也被人称为"王江宁"。江宁位于现在的江苏南京，县丞是县令的副手，相当于副县长。这首诗正是创作于这段时期。

　　一个下着雨的寒冷清晨，诗人送朋友从南京附近的镇江渡江北上，走扬州回洛阳，整个情绪是孤寂伤感的。王昌龄平时为人处事不拘小节，遭到很多人的非议，诗人写这首诗也是为了表明自己的清白。他特意叮嘱朋友："如果洛阳的亲友问起我，告诉他们，我的心依然像玉壶里的冰一样明净无瑕。"

　　在古诗词中，雨能渲染整首作品的意境，其中的夜雨则常常和伤感的情绪联系在一起。

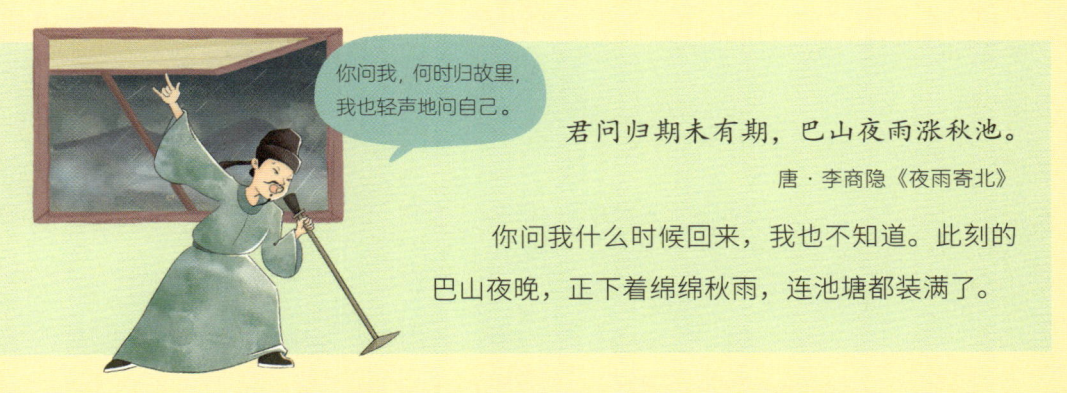

> 你问我，何时归故里，我也轻声地问自己。

君问归期未有期，巴山夜雨涨秋池。

唐·李商隐《夜雨寄北》

你问我什么时候回来，我也不知道。此刻的巴山夜晚，正下着绵绵秋雨，连池塘都装满了。

梧桐树，三更雨，不道离情正苦。一叶叶，一声声，空阶滴到明。

唐·温庭筠《更漏子》

窗外的梧桐树，半夜三更的冷雨，也不管屋里的人儿正为别离伤心。雨点敲打着一片一片的梧桐叶，一声一声地滴落在无人的石阶上，一直滴到天亮。

床头屋漏无干处，雨脚如麻未断绝。 唐·杜甫《茅屋为秋风所破歌》

屋顶漏雨，屋里没有干燥的地方，雨水像麻线一样不停地往下漏，没有停下的时候。

塞下曲

唐·卢纶

月黑雁飞高,
单于夜遁逃。
欲将轻骑逐,
大雪满弓刀。

注
塞下曲：古时边塞的一种军歌。
月黑：没有月光。
单于：匈奴的首领。这里泛指侵扰唐朝的游牧民族首领。
遁：逃走。
轻骑：轻装快速的骑兵。
逐：追赶。

译
一个没有月亮的夜晚，雁群受到惊吓，纷纷飞起，原来是单于的军队趁着夜色骑马奔逃。
将军正要率领轻骑兵一路追赶，
纷纷扬扬的大雪落满了将士们的弓箭和佩刀。

诗歌助记

月黑雁飞高，　　单于夜遁逃。
欲将轻骑逐，　　大雪满弓刀。

塞下曲
唐·卢纶

□□曲

唐·卢□

□□雁飞高,
□□夜遁逃。
欲将□□逐,
大雪满□□。

雪天和大雁

本诗作者卢纶是中唐诗人，曾在边塞军营任职。他的边塞诗雄壮豪放，极富生气，《塞下曲》组诗共六首，本诗为其中第三首。

大雁通常出现在描写秋天的古诗词中。因为大雁是中国很常见的一种候鸟，每到秋天，就会从北方地区飞到南方过冬。古人认为，雁群飞到现在湖南衡阳的回雁峰便不再往南飞，而是在这里栖息下来，等到来年春天再飞回北方。回雁峰是南岳衡山的一座山峰，有"南岳第一峰"之称。在古诗词中，大雁经常和衡阳联系在一起。

> 塞下秋来风景异，
> 衡阳雁去无留意。宋·范仲淹《渔家傲》
> 秋天一来，边塞的风景大变，
> 大雁纷纷飞去衡阳，毫无留念之意。

但在本诗中，诗人描写的是北方边塞地区，大雪天里为什么还会有大雁呢？

这是因为，大雁的老家在西伯利亚，八九月开始南飞，而我国北方地区气候寒冷，秋天下雪也并不奇怪。

> 北风卷地白草折，胡天八月即飞雪。唐·岑参《白雪歌送武判官归京》
> 千里黄云白日曛，北风吹雁雪纷纷。唐·高适《别董大》

另外一种解释则认为，诗中的"月黑雁飞高"并不是说真有大雁飞起，而是用大雁高飞来比喻单于夜逃：就像雁群高飞一样，单于带着军队趁着夜色溃逃。

墨 梅

元·王冕

我家洗砚池头树,
朵朵花开淡墨痕。
不要人夸好颜色,
只留清气满乾坤。

注 墨梅：用墨笔画的梅花。
洗砚池：写字、画画后洗笔洗砚的池子。砚，砚台，磨墨用的文具。传说会稽（今浙江绍兴）蕺（jí）山下有晋代大书法家王羲之的洗砚池，由于王羲之练习勤奋，经常在池子里洗笔洗砚，把整个池塘的水都染黑了。这里化用了这个典故。
乾坤：天地间。

译 我家洗砚池边的梅树，
朵朵梅花像是用淡淡的墨汁点染而成。
它不需要别人夸它的颜色有多么好看，
只是默默散发出清香之气充满天地之间。

诗歌助记

我家　洗砚池头　树，　　朵朵　花开　淡墨痕。

不要　人夸　好颜色，　　只留　清气　满乾坤。

墨梅
元·王冕

□ 梅

元·王□

我家□□□□树,
朵朵花开淡□□。

不要人夸好□□,
只留清气满□□。

自学成才的王冕

王冕是元代末年的著名画家、诗人。本诗是一首题写在画上的诗,诗中描写的梅花是诗人用水墨画出的梅花,所以称"朵朵花开淡墨痕"。

王冕出身贫寒,几岁时父亲就让他帮家里放牛。他放牛时,常常被学堂里孩子们的读书声吸引,跑去偷听他们念书,并默默记在心里,有时候连牛走丢了都不知道。

让你去放牛,牛呢?

牛……不知道去哪儿了。

母亲见他这么爱读书,就劝他父亲说:"孩子爱读书,就由他去吧。"于是小王冕住到了附近的寺庙里,夜里坐在佛像的膝盖上,就着佛像前的长明灯读书,经常一读就读到天亮。多年的勤学苦读,使王冕成长为一位博学多才的学者。

王冕放牛时照着池塘里的荷花自学画画的故事也广为流传。后来他成了一代大家,以画梅、画竹闻名天下。

王冕性格孤傲,为人正直,后来的明朝开国皇帝朱元璋在率兵打天下时,曾经请王冕出山辅佐自己,被轻视功名的王冕拒绝。本诗中的"不要人夸好颜色,只留清气满乾坤",也表现出王冕孤傲清高的气节。

囊萤夜读

选自《晋书·车胤传》

胤恭勤不倦，博学多通。家贫不常得油，夏月则练囊盛数十萤火以照书，以夜继日焉。

注
囊：袋子，口袋。在本文中作动词用，意思是"用袋子装"。
胤：指晋朝人车胤。
恭勤：恭敬勤勉。
通：通晓，明白。
练囊：白色薄绢做的口袋。

译
车胤恭敬勤劳而不知疲倦，知识广博，学问精通。他家境贫寒，常常缺少灯油，夏天的夜晚，车胤就用薄薄的白绢口袋装了几十只萤火虫照着书本，夜以继日地学习。

□□夜读

选自《晋书·车□传》

胤□□不倦，□□多通。

家贫不常得□，

夏月则□□盛数十□□以照书，□□□□焉。

囊萤映雪

车胤是东晋人,在朝廷里当过尚书这样的大官。不过,让车胤在历史上扬名的却是他少年时捉萤火虫照书夜读的勤学故事。

东晋时还有一个家里也穷得买不起灯油的孩子,名叫孙康。在冬天的一个下雪之夜,他发现映着雪地反射出的光,就能看清书上的字迹啦!

车胤和孙康一个夏夜囊萤读书,一个冬夜映雪读书,双双入选古代儿童启蒙读物《三字经》中的勤学典范。

如囊萤,如映雪。家虽贫,学不辍(chuò)。《三字经》

勤学标兵大比拼!

老弟,在雪地里读书,不冻手吗?

哥,萤火虫灯,真的能看清吗?

VS

一千多年后的清代,极富科学精神的康熙皇帝怀疑这个故事的真实性,于是叫人捉来几十只萤火虫放进纱袋里,结果发现,那点儿微光根本照不清书上的字迹。

不管这个故事是不是真的,但故事中车胤勤奋学习的精神是值得我们学习的。

看不清啊!

铁杵成针

宋·祝穆《方舆胜览·眉州》

磨针溪,在象耳山下。世传李太白读书山中,未成,弃去。过是溪,逢老媪方磨铁杵。问之,曰:"欲作针。"太白感其意,还卒业。

注

铁杵:用来舂(chōng)米或捶洗衣服的铁棒。
李太白:唐代诗人李白,字太白,也称李太白。
象耳山:位于四川眉山境内。
是:这。
媪:年老的妇女。
方:正在。

译

磨针溪位于象耳山脚下。世人传说李白在山中读书时,没有完成学业,就放弃离开了。他路过这条小溪,遇见一位老妇人正在石头上磨一根铁棒。李白问她为什么要磨铁棒,老妇人说:"我想把它磨成针。"李白被她的意志感动,回去完成了学业。

□□成针

宋·祝穆《方舆胜览·眉州》

读书真没意思，不如出去玩。

这是什么声音？

磨针溪，在□□□下。
世传李太白□□□□，
未成，□□。

过□溪，逢老媪□磨铁杵。

老奶奶，您磨它干什么？
做绣花针。

这碗鸡汤我干了！回学堂读书去。

问之，曰："□作针。"

太白感其意，还□□。

磨杵成针

这个故事出了一个成语：磨杵成针，也写作"铁杵成针"，用来比喻只要有恒心、有毅力，即使是很难成功的事情也可以做成。谚语"只要功夫深，铁杵磨成针"也出自这个典故。和磨杵成针意思相近的成语还有绳锯木断、水滴石穿。

你就不能买把锯子吗？

偏不！用绳子更显功力。

绳锯木断

水滴石穿

为什么总往我身上滴？

不然怎么滴穿你？

用绳子当锯子，时间长了也能把木头锯断。

水不停地往下滴，时间长了能把石头滴穿。

不过，老奶奶用铁棒磨成针的做法既累人，也很浪费材料，一根铁棒，原本能做成多少根针啊。在古代，其实有更科学的做针方法。

把铁块烧红后捶打成细条。

把烧红变软的铁条从小孔中穿过，拉成细铁丝，剪成一段段。

那么，老奶奶为什么要磨铁棒做针呢？

一头磨尖，一头锤扁后钻上小孔。

蝉

唐·虞世南

垂绥饮清露，
流响出疏桐。
居高声自远，
非是藉秋风。

注

垂绥：古代帽子上系在下巴下的带子，这里指蝉的触角。

流响：指像水流一样连续不断的蝉鸣声。

疏：开阔，稀疏。

藉：同"借"，凭借。

♪ 诗文声律

清露 ⇌ 疏桐

译

蝉垂下触角吸吮着清澈甘甜的露水，连续不断的鸣叫声从稀疏的梧桐枝叶间传出。蝉待在高高的树上，声音自然传得很远，并不是凭借秋风帮它传送。

🗐 诗歌助记

垂绥 饮 清露，

流响 出 疏桐。

居高 声 自远，

非是 藉 秋风。

蝉
唐·虞世南

□

唐·□世南

□□饮清露,

□□出疏桐。

居高□□□,

非是□□□。

蝉

虞世南是唐朝初年著名的书法家、文学家，和书法家欧阳询、褚（chǔ）遂（suì）良、薛稷（jì）并称为"初唐四大家"。虞世南不仅才华过人，为人更是品行高洁、耿直敢言，深受唐太宗李世民的赞赏和敬重。古人认为，蝉住在高高的枝头，喝干净的露水，所以常用蝉来比喻高洁的品性。在本诗中，诗人也借描写蝉来表现自己清高正直的品行志趣。

蝉俗称知了，是一种昆虫，头部长着一对短短的触角，用管状的口器吸食树木的汁液获得营养和水分。蝉的幼虫要在地底下的泥土里生活几年，最长的甚至有十七年，然后从土里钻出来，爬到树干上。

过了十七年暗无天日的生活，这个夏天终于要出去啦！

幼虫和蝉长得差不多，但幼虫的外骨骼不能随身体的生长而长大，于是会长出新的外骨骼撑破外壳（旧的外骨骼），然后从背部破裂的壳中钻出来，留下一个空壳挂在树上，这个过程称为蜕（tuì）皮，留下的空壳叫作蝉蜕。成语"金蝉脱壳（qiào）"就出自蝉的这一习性，后用来比喻用假象迷惑对方，设法脱身。

金蝉脱壳这一招，我玩得最好。

炎热的夏季，蝉会发出响亮的鸣叫声，正如诗中的"流响出疏桐"。成年的蝉寿命一般只有两三个月，初秋过后很难再听到蝉鸣声。古人以为蝉是因为天气寒冷而不再鸣叫，所以有成语"噤若寒蝉"，指像深秋的蝉一样不声不响，用来比喻人因为害怕或有所顾虑而不敢说话。

好冷。 害怕。 有顾虑。 不敢说。

噤若寒蝉

乞巧

唐·林杰

七夕今宵看碧霄，
牵牛织女渡河桥。
家家乞巧望秋月，
穿尽红丝几万条。

注
乞巧节：中国民间传统节日，在农历七月初七，又名七夕。旧时风俗，这天夜里年轻女子会在庭院里向织女星乞求智巧，称为乞巧。

林杰：唐代诗人，小时候非常聪明，六岁就能写诗，去世时年仅十六岁，只有两首诗流传下来。

碧霄：青天，天空。

译
七夕节的晚上，抬头仰望碧蓝的天空，似乎能看见牛郎织女渡过银河在鹊桥上相会。家家户户都在观赏秋月，向织女乞巧，穿过针眼的红线都有几万条了吧。

诗歌助记

乞巧
唐·林杰

七夕今宵看碧霄，牵牛织女渡河桥。

家家乞巧望秋月，穿尽红丝几万条。

□□

唐·林□

七夕今宵看□□，牵牛织女渡□□。

家家□□望秋月，

穿尽□□几万条。

牛郎织女和七夕节

《牛郎织女》是我国的一个传统民间故事。传说天上王母娘娘的外孙女织女下凡到人间，和放牛的牛郎结为夫妻。王母娘娘发现后，把织女抓回天上，并用玉簪划出一道宽阔的银河，挡住了后面快要追上来的牛郎。回到天上的织女心里一直牵挂着牛郎，茶饭不思，王母娘娘只好允许他们每年见一次面。于是，后来每年的农历七月初七，人间所有的喜鹊都会飞到银河上搭起一座桥，让牛郎织女在鹊桥上相会。

因为这个忧伤又美丽的传说故事，农历七月初七就逐渐成为一个民间节日，叫七夕节，也叫乞巧节。在银河的两边，还有两颗星星被古人命名为牛郎星和织女星。

传说，天空美丽的云彩都是织女用一双巧手编织出来的。民间的女子也想像织女一样心灵手巧，每到七夕节晚上，姑娘们便会在院子里摆上香案供奉瓜果，朝天祭拜，并对着月亮把丝线穿过针眼。如果能顺利穿过，说明已经向织女讨来了巧，称为"得巧"。本诗中的"家家乞巧望秋月，穿尽红丝几万条"，描写的就是七夕之夜，家家户户的姑娘穿针引线、向织女乞巧的盛况。

示儿

宋·陆游

死去元知万事空,
但悲不见九州同。
王师北定中原日,
家祭无忘告乃翁。

注
示儿：给儿子们看。这首诗是陆游临终前写给儿子们的。
元：同"原"，本来。
九州：古代中国曾分为九个州，这里代指全国。
王师：指南宋朝廷的军队。
家祭：祭祀家中先人。
无：通"毋"，不要。
乃翁：你们的父亲，这里指陆游自己。乃，你，你的。

♪ 诗文声律
万事 ⇌ 九州
空 ⇌ 同

译
原本知道死去之后人间的一切都和我无关了，悲伤的只是没能看到国家统一。
等到朝廷军队收复北方中原领土的那一天，祭祀家中祖先时不要忘了告诉你们的父亲。

诗歌助记

示儿
宋·陆游

死去 元知 万事空，
但悲 不见 九州同。
王师 北定 中原日，
家祭 无忘 告乃翁。

□□
宋·陆□

死去元知□□□,

但悲不见□□□。

□□北定□□日,

□□无忘告□□。

爱国诗人陆游

陆游是南宋时期著名的爱国主义诗人，他出生后的第三年，北宋就灭亡了。陆游一生最大的愿望就是看到国家统一，尽管他活到了八十五岁高龄，也没能等来这一天。临终之前，陆游写下这首诗叮嘱儿子们：将来朝廷的军队收复中原时，一定要把这个好消息告诉你们的父亲。

陆游一生创作了大量诗词，他的诗作流传下来的就有九千多首，是我国历史上存诗最多的诗人。其中很多诗词作品表达出诗人渴望国家统一、想要为国出征的壮志，以及被主张和谈的官员排挤、报国无门的悲愤。

夜阑（lán）卧听风吹雨，
铁马冰河入梦来。《十一月四日风雨大作》

夜深了，我躺在床上听着屋外的风声雨声，梦见自己骑着身披铁甲的战马，跨过冰封的河流。

楚虽三户能亡秦，
岂有堂堂中国空无人。《金错刀行》

楚国只剩下三户人家，最后也灭亡了秦国，难道我堂堂中国竟会没有一个英雄能人。

胡未灭，鬓先秋，泪空流。此生谁料，心在天山，身老沧州。《诉衷情》

胡人还未消灭，双鬓已经白如秋霜，只能任忧国的泪水白流。谁能料到我这一生，一心想要在天山抗敌，最后却要老死在沧州。

> 扶我起来，我还能披甲出征。

题临安邸

宋·林升

山外青山楼外楼,

西湖歌舞几时休?

暖风熏得游人醉,

直把杭州作汴州。

注
临安：南宋都城，在今浙江杭州。
邸：旅店。
休：停止。
熏：吹，用于和暖的风。
汴州：即北宋都城汴京，此时已被金侵占，在今河南开封。

译 西湖四周青山绵延，楼台重重，
湖面游船上的歌舞几时才能停歇？
温暖的香风把权贵们吹得像喝醉了一样，
他们简直把杭州当成了昔日的都城汴州。

诗歌助记

山外青山 楼外楼，

西湖 歌舞 几时休？

题临安邸
宋·林升

暖风 熏得 游人醉，

直把 杭州 作 汴州。

题临安□

宋·林□

山外青山□□□，
西湖歌舞□□□。
□□熏得□□醉，
直把□□作□□。

汴州和杭州

本诗的作者林升和陆游一样，也是一位南宋诗人，大致和陆游生活在同一时代。本诗主题和《示儿》一样，同样是表达爱国思想的诗篇。这是一首题写在临安城一家旅店墙壁上的诗，所以诗名为《题临安邸》。

公元960年，宋太祖赵匡胤（yìn）建立宋朝，把都城定在开封，也称为东京、汴京、汴州。公元1127年，北方的金兵南下，攻破东京城，宋朝的两个皇帝宋徽宗和宋钦宗也被金兵抓走，北宋灭亡。这一年是靖康二年，这一事件被称为"靖康之乱"，也被宋朝人称为"靖康之耻"。

靖康耻，犹未雪。
臣子恨，何时灭。宋·岳飞《满江红》

同一年，宋钦宗的弟弟赵构登上皇位，后来把都城定在临安，也就是杭州。因为汴州在北方，杭州在南方，所以宋朝的前半段称为北宋，后半段称为南宋。

宋高宗赵构和权臣秦桧（huì）害怕抗金力量壮大，会威胁到自己的统治，于是杀害了抗金名将岳飞，向金朝称臣，一心一意在南方过起了小日子。贵族官员们似乎完全忘记了当年的耻辱，只顾沉迷于眼前纸醉金迷的生活，甚至把半壁江山的都城杭州当成了北宋的都城汴州。《题临安邸》正是一首在这样的背景下创作出来讽刺当权者的诗。

己亥杂诗

清·龚自珍

九州生气恃风雷,
万马齐喑究可哀。
我劝天公重抖擞,
不拘一格降人材。

注 己亥杂诗：《己亥杂诗》是龚自珍在己亥年（1839年）写的一组诗，共315首，本诗是其中一首。己亥，农历干支纪年中六十年为一个循环，己亥是其中的第三十六年。
生气：活力，生命力。这里指朝气蓬勃的局面。
恃：依靠。
万马齐喑：所有的马都沉寂无声。比喻人们沉默不语，不敢发表意见。喑，沉默，不说话。
抖擞：振作，奋发。
不拘一格：不拘泥于成规。拘，拘泥，束缚。

译 只有风云变色、狂雷炸响般的巨大力量才能使中国大地迸发出勃勃生机，现在这种万马无声、谁都不敢发表意见的局面，终究是一种悲哀。我奉劝上天要重新振作精神，不要拘泥于一定的规格，降下更多的人才挽救垂危的国家。

诗歌助记

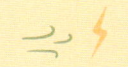

九州生气 恃 风雷，　　万马齐喑 究可哀。

我劝 天公 重抖擞，　　不拘一格 降人材。

己亥杂诗

清·龚自珍

□□ 杂诗　　清·龚□□

九州生气恃□□，

万马□□究可哀。

我劝天公重□□，

□□□□降人才。

爱国诗人龚自珍

龚自珍是清朝著名的爱国诗人，和主张严禁鸦片的林则徐是好朋友，曾全力支持林则徐禁除鸦片。

龚自珍生活的时代，西方国家已经进入快速发展阶段，英国成为世界上最强大的工业国家，而清朝的统治越来越腐朽，古老的中国已经大大落后于西方。龚自珍多次向朝廷进言，提议改革政治，任用贤才，抵制外国侵略，却遭到权贵们的排挤和打击。1839年，也就是己亥年，龚自珍辞去官职，离开北京回老家浙江杭州。

龚自珍路过镇江一座古庙时，当地百姓正在举行祭祀，向天上的玉皇大帝、风神、雷神求雨。主持祭祀的老人正好是龚自珍的老朋友，便请他帮忙写祭神文。龚自珍于是挥笔在纸上写下了这首诗，用"万马齐喑"比喻在清王朝的腐朽统治下，人才被压制，到处死气沉沉的状况，反映出诗人想要改革现状的思想。

求上天有用吗？

有用，只要一直求，求到下雨为止。

1841年，龚自珍在江苏丹阳一所书院担任老师，希望能为国家培养有用人才。在这前一年，英国发动侵略中国的鸦片战争，此时，英军已经沿东南沿海一路北上，龚自珍打算辞职后前往前线参加反击侵略的战斗，还没来得及动身便患急病突然离世。

少年中国说（节选）

近现代·梁启超

故今日之责任，不在他人，而全在我少年。少年智则国智，少年富则国富，少年强则国强，少年独立则国独立，少年自由则国自由，少年进步则国进步，少年胜于欧洲则国胜于欧洲，少年雄于地球则国雄于地球。

红日初升，其道大光。河出伏流，一泻汪洋。潜龙腾渊，鳞爪飞扬。乳虎啸谷，百兽震惶。鹰隼试翼，风尘吸张。奇花初胎，矞矞皇皇。干将发硎，有作其芒。天戴其苍，地履其黄。纵有千古，横有八荒。前途似海，来

rì fāng cháng。
日 方 长。

měi zāi　　wǒ shào nián zhōng guó　　yǔ tiān bù lǎo　　zhuàng zāi　　wǒ
美 哉， 我 少 年 中 国， 与 天 不 老！ 壮 哉， 我

zhōng guó shào nián　　yǔ guó wú jiāng
中 国 少 年， 与 国 无 疆！

> **注**
>
> 隼：一种凶猛的鸟。
> 矞矞皇皇：华美瑰丽，富丽堂皇。
> 干将：古代宝剑名。
> 砺：磨刀石。　履：踩，踏。
>
> 八荒：指东、南、西、北、东南、东北、西南、西北八个方向上极远的地方。
> 哉：表示赞叹，相当于"啊"。

> **译**
>
> 所以说今天的责任，不在别人身上，而全在我们少年身上。少年聪明国家就聪明，少年富裕国家就富裕，少年强大国家就强大，少年独立国家就独立，少年自由国家就自由，少年进步国家就进步，少年胜过欧洲，国家就胜过欧洲，少年称雄于地球，国家就称雄于地球。
>
> 红日刚刚升起，道路上一片光明。黄河从地下冒出来，汹涌奔流浩浩荡荡。潜龙从深渊中腾跃而起，鳞爪舞动飞扬。小老虎在山谷中吼啸，所有的野兽都害怕惊慌。鹰隼展翅试飞，掀起狂风，卷起尘土高高飞扬。奇花刚开始萌发蓓蕾，华美瑰丽，富丽堂皇。干将宝剑刚从磨刀石上磨出来，发出耀眼的光芒。头顶着苍天，脚踏着黄土大地。纵看有悠久的历史，横看有辽阔的疆域。前途像海一样宽广，未来的日子无限长远。
>
> 美丽啊，我的少年中国，与天地一起共存不老！雄壮啊，我的中国少年，与祖国一起万寿无疆！

少年□□说（节选）

近现代·梁□□

红日初升，其道□□。
河出伏流，一泻□□。

潜龙腾渊，□□飞扬。
乳虎啸谷，□□震惶。

鹰隼试翼，□□吸张。
奇花初胎，□□皇皇。

干将□□，有作其芒。
天□其苍，地□其黄。

公车上书和戊戌变法

　　本文作者梁启超是广东新会人。1895年春天,梁启超和主张变法的广东南海人康有为一起去北京参加科举考试。当时,中国在甲午战争中败给日本,清朝政府和日本侵略者签订了丧权辱国的《马关条约》。消息传来,义愤填膺(yīng)的康有为和梁启超联合了上京赶考的一千三百多名举人,联名上书当时的光绪皇帝,抗议《马关条约》的签订,请求变法。这一事件被称为"公车上书"。"公车"原本为汉代负责接待臣民上书的官署名,这里特指来京赶考的举人们。

　　1898年,在康有为、梁启超等人的推动下,光绪帝决定变法,发布了裁撤多余的官员、鼓励私人开矿办厂、开设新式学堂、训练新式军队等一系列变法条令。这一年是戊戌(wù xū)年,历史上称这次变法为"戊戌变法"。因为太后等人的反对,变法持续了103天便失败了,所以这次变法又称为"百日维新"。变法虽然失败了,但它的影响非常深远,北京大学的前身京师大学堂就是在变法期间创立的。

山居秋暝

唐·王维

空山新雨后,天气晚来秋。
明月松间照,清泉石上流。
竹喧归浣女,莲动下渔舟。
随意春芳歇,王孙自可留。

注
暝：日落时分，天色将晚。
新：刚刚。
竹喧：竹林里的声响。喧，喧哗，声音大而杂乱。
浣女：洗衣物的女子。
随意：任凭。　歇：尽，消失，逝去。
王孙：原指贵族子弟，后来也泛指隐居的人，这里指诗人自己。

诗文声律

明月 ⇌ 清泉
竹喧 ⇌ 莲动
松间照 ⇌ 石上流
归浣女 ⇌ 下渔舟

译
空寂的山间刚下过一场雨，夜色降临，让人感受到阵阵秋意。
明亮的月光照在松林间，清清的泉水在山石上流淌。
竹林喧响，原来是洗衣服的姑娘归来，荷叶摇动，原来是打鱼的小船也回来了。
任凭春天的花草凋谢，可"我"还是愿意留在这里，长久居于此地。

诗歌助记

空山 新雨后， 天气 晚来秋。明月 松间照， 清泉 石上流。

竹喧 归 浣女， 莲动 下 渔舟。随意 春芳歇， 王孙 自可留。

山居秋暝
唐·王维

山居□□

唐·□□

□□新雨后，□□晚来秋。

明月□□照，清泉□□流。

□□归浣女，□□下渔舟。

随意□□歇，□□自可留。

因诗免罪

　　这首诗创作于王维在长安附近终南山下的辋川别业隐居期间,描写了初秋山中雨后黄昏时分的景色和村民们平静恬淡的田园生活。

　　王维虽然寄情于山水,却是一名忠君爱国、非常有气节的官员。安史之乱爆发后,安禄山攻破长安,唐玄宗逃去了四川,王维被叛军抓获。安禄山很欣赏他的才华,让人把他带到洛阳,给他安排了一个官职。王维拒绝接受任命,被囚禁在一座寺庙里。

　　一天,安禄山在洛阳皇家园林的凝碧池边设宴,招待那些投靠他的唐朝官员,并胁迫宫廷乐工演奏,乐工们都忍不住伤心落泪。一个叫雷海青的乐工摔碎乐器拒绝演奏,被叛军当场残酷杀害。王维的朋友裴迪来探望时告诉了他这件事,王维听后悲愤交加,于是写下了一首诗:

万户伤心生野烟,
百僚何日更朝天。
秋槐叶落空宫里,
凝碧池头奏管弦。

　　战火四起,万户伤心,文武百官哪天能再朝拜天子?秋天的槐树叶飘落在空荡荡的皇宫里,凝碧池边,叛军得意地奏乐欢庆。

　　安史之乱平息后,当年曾在安禄山手下担任过官职的人全都被定罪,唯独王维因为写了这首诗被赦免。

枫桥夜泊

唐·张继

月落乌啼霜满天,
江枫渔火对愁眠。
姑苏城外寒山寺,
夜半钟声到客船。

注
枫桥：在今江苏苏州。
夜泊：夜间把船停靠在岸边。
姑苏：苏州的别称，因城西南有姑苏山而得名。
寒山寺：枫桥附近的一座寺庙，相传唐代僧人寒山曾住在这里。
夜半：半夜。

译
月亮西落，乌鸦啼鸣，寒气满天，
我对着江边的枫树、渔船上的灯火，忧愁难眠。
姑苏城外的寒山古寺，
半夜敲钟的声音传到了客船。

诗歌助记

枫桥夜泊
唐·张继

月落 乌啼 霜满天， 江枫 渔火 对愁眠。
姑苏 城外 寒山寺， 夜半 钟声 到 客船。

枫桥□□

唐·张□

□□□霜满天，

□□□□对愁眠。

姑苏城外□□□，

夜半□□到客船。

寒山寺和枫桥

本诗作者张继大致和杜甫生活在同一时代,他的诗作保留下来的不多,但这首《枫桥夜泊》广为流传,寒山寺也因这首诗闻名天下。寒山寺位于江苏苏州姑苏区,始建于南北朝时期的梁代,因唐代僧人寒山曾在这里居住而得名。寒山寺附近的一座桥原名封桥,宋朝时因为张继的这首诗改名为枫桥。

枫叶和秋天

春夏季节,枫树的叶子和大部分树叶一样都是绿色的,到了秋天,枫叶中的叶绿素减少,红色的花青素增多,于是变成了火红色,非常漂亮。也正因为秋天的枫叶如此引人注目,所以常常出现在秋景诗词中,经常和思念、伤感等情绪联系在一起。

浔阳江头夜送客,枫叶荻(dí)花秋瑟瑟。唐·白居易《琵琶行》
夜晚在浔阳江边送别客人,枫叶、荻花被秋风吹得瑟瑟作响。

一重山,两重山,山远天高烟水寒,相思枫叶丹。五代·李煜《长相思》
一座山,两座山,山远天高,雾气迷蒙的水面冒着寒意,相思之情像枫叶那般火红炽烈。

红叶黄花秋意晚,千里念行客。宋·晏几道《思远人》
枫叶变红,黄菊开遍,又是晚秋时节,我思念起千里之外的游子。

长相思

清·纳兰性德

山一程,水一程,
身向榆关那畔行,夜深千帐灯。

风一更,雪一更,
聒碎乡心梦不成,故园无此声。

注
长相思：词牌名。
榆关：即山海关，在今河北秦皇岛东北。
那畔：那边，这里指山海关的另一边。
更：古代一夜分成五更，每更大约两小时。
聒：声音嘈杂，这里指风雪声。

译
跋山涉水走过一程又一程，
将士们朝着山海关那边前行，夜已经深了，
千万座帐篷里亮起了灯。
整夜寒风呼啸，雪花狂舞，
扰得思乡的人无法入睡，在故乡可没有这样的声音啊。

诗歌助记

山一程， 水一程，　　　　　　　　风一更， 雪一更，

长相思
清·纳兰性德

身向　榆关　那畔行，　　　　　　聒碎　乡心　梦不成，

夜深　　千帐灯。　　　　　　　　故园　　无此声。

长□□　　清·纳兰□□

身向□□那畔行，

□一程，□一程，

夜深□□灯。

□一更，□一更，

□□乡心梦不成，

□□无此声。

随驾出巡

纳兰性德是清代著名词人。他是满族人，姓纳兰，名性德，字容若，也叫纳兰容若，是康熙皇帝倚重的大臣纳兰明珠的儿子。纳兰性德自己也是才华过人，文武兼备，深受康熙皇帝赏识，二十出头时成为康熙皇帝身边的侍卫，多次跟随皇帝出巡。

清朝是由满族贵族建立的政权。满族人的祖先生活在东北地区，定都北京之前，清朝的都城在盛京，就是现在的辽宁沈阳，清朝皇帝的祖陵也在沈阳一带。这一年，清朝平定了南方的叛乱，康熙皇帝要回沈阳祭拜祖陵，纳兰性德作为侍卫也一同前往。

大队人马从北京出发，经山海关前往沈阳。当时正是冬天，天寒地冻，路远难行。本词的第一段（上阕）描写了路途的遥远和行程的艰辛，将士们很晚才到达宿营地，扎起帐篷，点起灯，"夜深千帐灯"。

第二段（下阕）写夜晚帐篷外风雪交加，嘈杂声扰得词人无法入睡，他忍不住抱怨说："我的故乡可没有这样的声音啊。"我们知道，北京的冬天也会刮风下雪，词人却说"故园无此声"，可能是因为边塞的风雪声更大，在外露营风雪声更加声声入耳。但更重要的是，作者用这一句表达出对行旅生活的厌倦，对故乡无边的思念和深深的眷恋之情。

渔歌子

唐·张志和

西塞山前白鹭飞，
桃花流水鳜鱼肥。
青箬笠，绿蓑衣，
斜风细雨不须归。

注 渔歌子：词牌名。
西塞山：在今浙江湖州西。
箬笠：竹叶或竹篾编的斗笠，可以用来遮雨。箬，一种竹子。
蓑衣：用草或棕编织成的雨衣。

♪ **诗文声律**
白鹭飞 ⇌ 鳜鱼肥
青箬笠 ⇌ 绿蓑衣

译 西塞山前白鹭飞翔，
漂着桃花的流水中鳜鱼肥美。
渔翁头戴青色的箬笠，身披绿色的蓑衣，
在斜风细雨中垂钓，并不急着回家。

诗歌助记

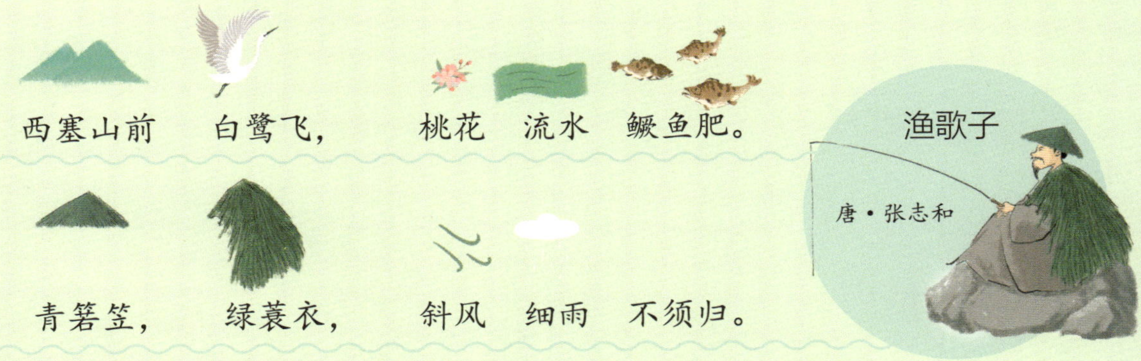

西塞山前 白鹭飞， 桃花 流水 鳜鱼肥。

青箬笠， 绿蓑衣， 斜风 细雨 不须归。

渔歌子

唐·张志和

□□□

唐·张□□

西塞山前□□飞，

桃花流水□□肥。

青□□，绿□□，

□□□□不须归。

浮家泛宅山水间

张志和的这首《渔歌子》和柳宗元的《江雪》写的都是独自垂钓的渔翁，但两首作品又有很多不同。两位作者都是唐代诗人，张志和比柳宗元大四十岁左右。《渔歌子》描写的是春天的景象，白鹭飞翔，桃花盛开，鳜鱼肥美，披蓑戴笠的渔翁在斜风细雨中钓鱼，表现出作者沉醉于自然山水的悠然自得。《江雪》描写的则是在大雪之中、寒江之上独自垂钓的渔翁，表达出作者孤独愁闷的心情。

张志和是婺（wù）州金华（今浙江金华）人，出生于长安，三岁开始读书，六岁就能写文章。二十多岁时，张志和因为平定安史之乱出谋划策有功被授予很高的官职，后来又因劝谏皇帝被贬官。父母和妻子相继去世后，张志和干脆辞去官职，过起了浪迹江湖的隐居生活。游遍了吴、楚一带山水后，张志和在浙江湖州城西的西塞山隐居，自称"烟波钓徒"，在这里写下了《渔歌子》。

张志和性格开朗，幽默诙谐。当时，好友颜真卿正在湖州当刺史，张志和前去拜访他。颜真卿见张志和的小船太破旧了，就送了他一条新船，张志和毫不客气地收下了，感谢他说："愿为浮家泛宅，往来苕（tiáo）、霅（zhà）间。"我以后会把这条船当成飘浮在水上的住宅，驾着它往来于湖州的苕溪、霅溪间。形容以船为家、四处漂泊的成语"浮家泛宅"就出自这里。

> 该换条船啦！

> 你不只是送了我一条船，还送了我一个家。

《论语》三则

选自《论语》

敏而好学，不耻下问。

知之为知之，不知为不知，是知也。

默而识之，学而不厌，诲人不倦。

注

敏：聪敏，聪明敏捷。　好：喜好。

耻：以……为耻。

下问：向地位、学问不如自己的人请教。

是知也：是真正的智慧。知，同"智"，聪明，智慧。

识：记住。　厌：满足。　诲：教诲，教导。

译

聪敏又好学的人，不会以向地位、学识不如自己的人请教为耻。

知道就是知道，不知道就是不知道，这才是真正的智慧。

默默地记住所学的知识，学习上总也不会满足，教导人时从不厌倦。

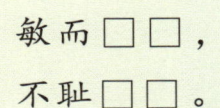

《□□》三则

选自《□□》

这种鱼怎么做好吃?
哦不,这种鱼有什么药用功效?

敏而□□,
不耻□□。

知道!

不知道。

嗯……又知道又不知道。

知之为□□,不知为□□,是□也。

不满足。

不厌倦。

默而□之,
学而□□,
诲人□□。

孔子和《论语》

孔子是我国春秋时期的大教育家、大思想家。孔子名丘，字仲尼。不过人们称他为"孔子"并不是因为他姓子，而是因为在古代，"子"是对人的一种尊称。后世统治者更是尊称孔子为"孔圣人"。祭祀孔子的庙宇称为孔庙、文庙，在古代，几乎全国各地都建有文庙，有很多文庙留存至今。

孔子创办了我国最早的私立学校，总共教过三千多名学生，其中有七十二人取得了不错的成就。孔子认为，不管是贵族的孩子，还是普通百姓的孩子，都应该接受教育。不同的学生知识水平、学习能力、性格特点不一样，老师应该根据学生的自身特点选择不同的教学方法。

孔子博学、仁爱，为人真诚、宽厚，他认为统治者应该用道德、礼教来治理国家，建立起一个人们互敬互爱、和睦守信、秩序井然的理想社会。孔子的种种思想观点合在一起，开创了一个对后世影响非常深远的学派——儒家学派。

孔子去世后，他的学生，还有学生的学生，把孔子和学生们平时说过的话、做过的事记录下来，编成了一本书，这就是《论语》。书中有许多关于如何学习的内容，很多我们熟悉的成语也出自这本书。在《论语》三则中，就出了三个关于教与学的成语：不耻下问、学而不厌、诲人不倦。

> 原来《论语》并不是孔子写的，而是孔子"说"的。

> 老师，您再说慢一点儿……

读书三到

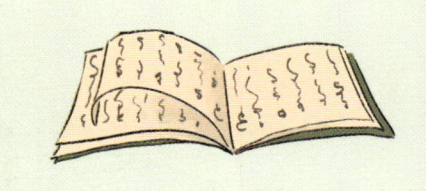

宋·朱熹

余尝谓读书有三到,谓心到、眼到、口到。心不在此,则眼不看仔细,心眼既不专一,却只漫浪诵读,决不能记,记亦不能久也。三到之中,心到最急。心既到矣,眼口岂不到乎?

注
尝:曾经。
谓:说。
漫浪:随意,随随便便。
急:要紧,重要。

译 我曾经说过,读书讲究"三到":心到、眼到、口到,即读书时心思要放在书本上,眼睛要看,口里要读。心思不在书本上,那么眼睛就不会仔细看,心和眼既然没有专注统一,却只是随随便便地读,那么一定不会记住,就算记住了,也记不长久。这三到之中,心到最重要。如果能够专心致志,眼和口还会不集中吗?

读书□□

宋·□□

眼到

心到

口到

余尝谓读书有□□，谓心到、眼到、口到。□不在此，则□不看仔细，□□既不专一，却只□□诵读，决不能□，□亦不能久也。三到之中，□□最急。心既到矣，□□岂不到乎？

三余和三上

朱熹是南宋时期的教育家、思想家，他在各地任职时，创办了很多所学院，重建了历史上著名的白鹿洞书院，并亲自编写教材。他的代表作《四书章句集注》是对《大学》《中庸》《论语》《孟子》这四部儒家经典著作的注解，后来成为元明清时期的官方教科书。本文是朱熹在读书学习上的心得，古代很多文人也提出过自己的读书、写作方法。

三国时期的魏国人董遇非常爱读书，有人向他请教，他说："先把书读上一百遍吧，书中的意思自然就显现出来了。"那人说："平时那么忙，哪有时间读书啊？"董遇就说："读书要善于利用空余时间。冬天不用干农活，是一年中的空闲时间；晚上不用下地劳动，是一天中的空闲时间；雨天不方便出门干活，也是空闲时间。"

愁不愁的我不想知道，我就想知道什么时候能开饭……

离愁渐远渐无穷，迢迢不断如春水。

冬者岁之余，夜者日之余，阴雨者时之余。

天啊，这诗写得太好了！被自己感动哭……

泪眼问花花不语，乱红飞过秋千去。

北宋文学家欧阳修曾经说过："我的文章大多都是在马上、枕上、厕上这'三上'构思出来的。"意思是说，他骑在马上赶路时，睡觉前躺在枕头上，坐在马桶上时，脑子里都在构思文章，这几个时段往往都是他灵感爆发的时候。

曾国藩谈读书

清·曾国藩

盖士人读书，第一要有志，第二要有识，第三要有恒。有志则断不甘为下流；有识则知学问无尽，不敢以一得自足，如河伯之观海，如井蛙之窥天，皆无识者也；有恒者则断无不成之事。此三者缺一不可。

注

盖：放在句首的发语词，没有实际意义。

士人：泛指知识阶层。

恒：恒心。

断：绝对，一定。

下流：下等，劣等。

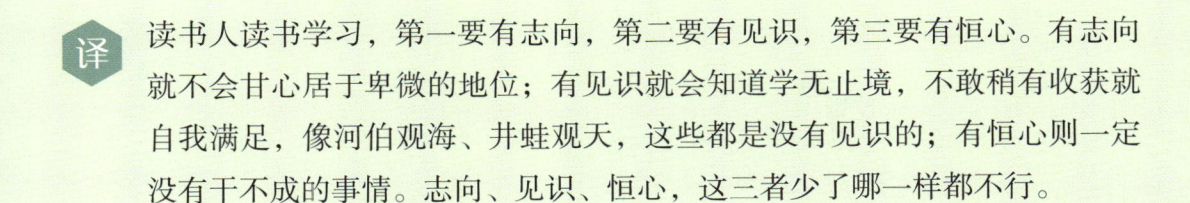

译

读书人读书学习，第一要有志向，第二要有见识，第三要有恒心。有志向就不会甘心居于卑微的地位；有见识就会知道学无止境，不敢稍有收获就自我满足，像河伯观海、井蛙观天，这些都是没有见识的；有恒心则一定没有干不成的事情。志向、见识、恒心，这三者少了哪一样都不行。

曾□□谈读书

清·曾□□

盖□□读书,第一要有□,第二要有□,第三要有□。有志则断不甘为□□;有识则知□□□□,不敢以□□自足,如河伯之□□,如井蛙之□□,皆□□者也;有恒者则断无□□□□。此三者□□□□。

读书三有

曾国藩是晚清时期著名的政治家、文学家。和历史上很多出名的文人不一样，曾国藩小时候并不聪明，但他非常勤奋好学。一天深夜，一个小偷溜进他家，想趁这家人都睡着之后偷点儿东西。没想到小曾国藩还坐在书桌前反复朗读、背诵一篇文章，读了一遍又一遍也没能背下来。小偷等了又等，最后忍不住跳出来大声说道："我都背下来了！这么笨还读什么书？"于是把曾国藩读的那篇文章从头到尾背了一遍。但这件事并没有打击曾国藩的读书热情，反而激励他更加发愤用功，长大后成了一代名臣。

> 这么几句话我都会背了！你还要读多少遍才能背下来？

> 哼，只要我坚持读，总会背下来的。

曾国藩强调读书要有志向、有见识、有恒心。谈到见识时，他引用了出自《庄子·秋水》的两个典故：河伯观海、井蛙窥天。河伯是传说中黄河的河神。秋天涨水后，黄河变得非常宽阔，从河这边看不清对岸吃草的是牛还是马。河伯非常高兴，以为天下最美丽壮观的景色就在自己这里了。他顺着水流往东走，一直来到大海边，当他看到广阔无比的大海时，才意识到自己的浅薄。

井蛙窥天讲的是一只长年生活在井底的青蛙，抬起头只能看到井口大的一块天，就以为天只有那么大。直到有一天，一只爬到井口的海鳖（biē）告诉它，外面的天空大得无边无际。它于是跳出井口，看到了广阔的天空，辽阔的大海，顿时羞愧得一句话也说不出来。唐代文学家韩愈评论这个故事："坐井而观天，曰天小者，非天小也。"于是有了"坐井观天"这个成语，也是指眼界狭窄、见识不广。

未经许可，不得以任何方式复制或抄袭本书之部分或全部内容。
版权所有，侵权必究。

图书在版编目（CIP）数据

爱上古诗文其实很简单.④/比格豹童书著、绘.--北京：电子工业出版社，2023.4
ISBN 978-7-121-45183-6

Ⅰ.①爱… Ⅱ.①比… Ⅲ.①古典诗歌－中国－小学－教学参考资料 ②文言文－小学－教学参考资料 Ⅳ.①G624.203

中国国家版本馆CIP数据核字（2023）第041768号

责任编辑：刘香玉
印　　刷：北京宝隆世纪印刷有限公司
装　　订：北京宝隆世纪印刷有限公司
出版发行：电子工业出版社
　　　　　北京市海淀区万寿路173信箱　邮编：100036
开　　本：889×1194　1/24　印张：22.5　字数：372.9千字
版　　次：2023年4月第1版
印　　次：2023年4月第1次印刷
定　　价：180.00元（全6册）

凡所购买电子工业出版社图书有缺损问题，请向购买书店调换。若书店售缺，请与本社发行部联系，联系及邮购电话：（010）88254888，88258888。
质量投诉请发邮件至zlts@phei.com.cn，盗版侵权举报请发邮件至dbqq@phei.com.cn。
本书咨询联系方式：（010）88254161转1826，lxy@phei.com.cn。